¡Hola, vacas!

MARAVILLAS ANIMALES 48

LAS VACAS

KATE RIGGS

CREATIVE EDUCATION | CREATIVE PAPERBACKS

¡MUUUUUU!

tabla de contenido

Publicado por Creative Education y Creative Paperbacks
P.O. Box 227, Mankato, Minnesota 56002
Creative Education y Creative Paperbacks
son sellos editoriales de The Creative Company
www.thecreativecompany.us

Diseño de Wyeth Morgan
Dirección artística de Blue Design (www.bluedes.com)

Imágenes de Dreamstime/Dary423, 24, Vidu Gunaratna, 23; flickr/ Biodiversity Heritage Library, portada (izquierda); Freepik/alirezahbn, 13; Getty Images/ BrandyTaylor, 10–11, George Pachantouris, 14–15, John Lund, 3, 20–21; Pexels/JacLou- DL, 1, Matthias Zomer, 17; Shutterstock/Alberto Masnovo, 4; Unsplash/Claudio Schwarz, 18-19, David Dvořáček, 16, Jennifer Ermler, 2, Josua De, portada (centro), Maria Krasnova, 8–9, Serge Le Strat, 6–7, Subtle Cinematics, portada (derecha)

Cataloging-in-Publication Data está disponible en Library of Congress.
LCCN: 2024053398
Library Binding ISBN: 9798889898665
Paperback ISBN: 9781682779064
eBook ISBN: 9798889899457

Impreso en la India

Las vacas de la granja viven en un establo. Los **rebaños** de vacas pueden alimentarse en pastizales.

¿A QUIÉN LE DICES GRANDE?

Las vacas son animales grandes. Muchas pesan entre 1.000 y 1.500 libras (454 y 680 kilogramos). Pueden ser negras, blancas, marrones y rojas.

Las vacas lecheras producen mucha leche. Los granjeros sacan la leche de la ubre.

LAS VACAS LECHERAS PRODUCEN ENTRE 6 Y 7 GALONES (23-26,5 LITROS) DE LECHE POR DÍA.

Las vacas comen hierba. Puede ser hierba fresca o seca. También comen cereales y otras plantas.

QUE CIRCULE EL VERDE.

LOS TERNEROS PUEDEN PARARSE Y CAMINAR UNA HORA DESPUÉS DE NACER.

Las vacas bebés, llamadas terneros, toman leche. Luego comienzan a comer otros alimentos.

Las vacas mastican hierba. Sacuden la cola para ahuyentar a los insectos. Buscan agua para beber.

¡FELIZ DÍA!

¡Adiós, vacas!

[Imagina una vaca]

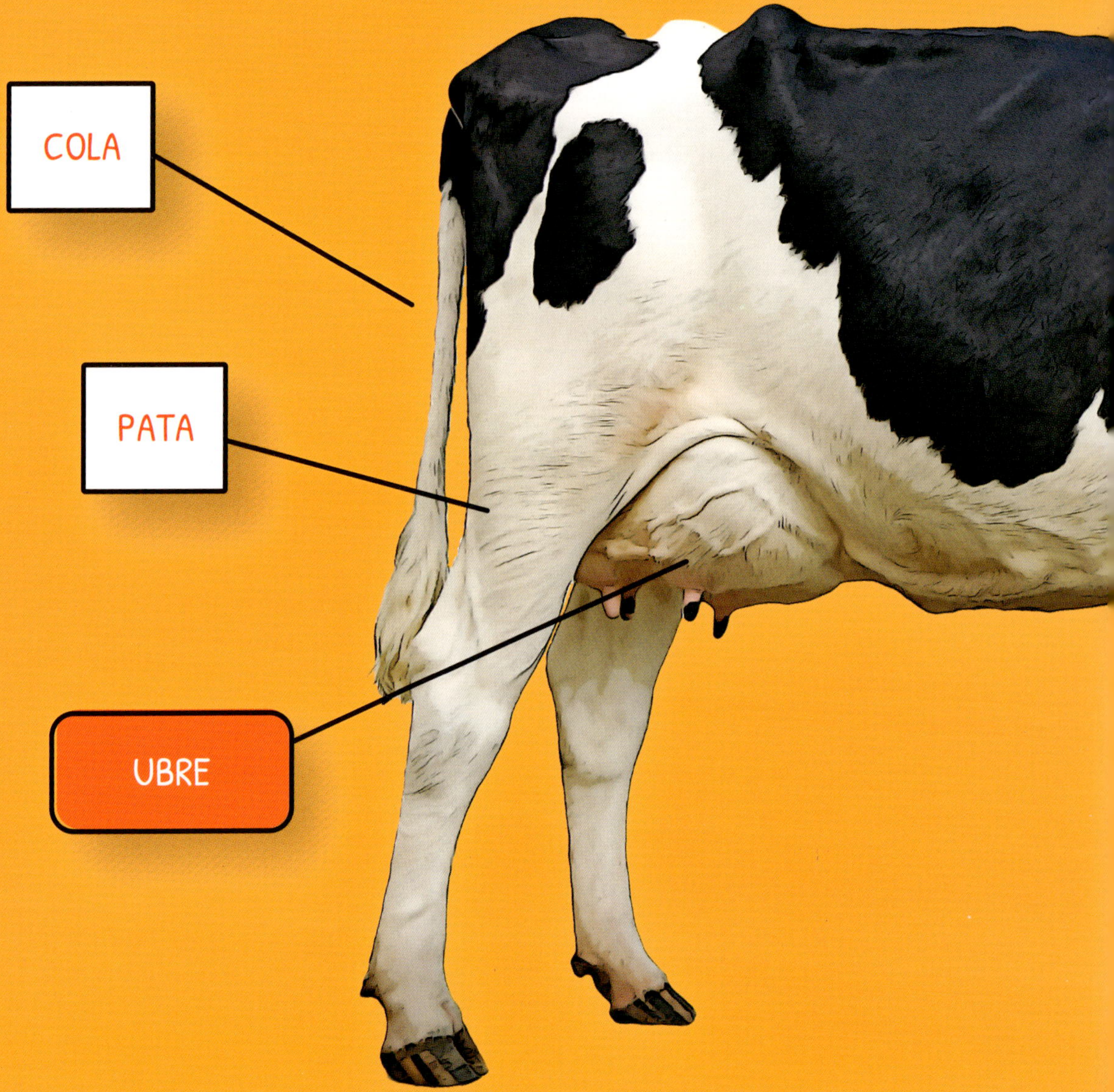

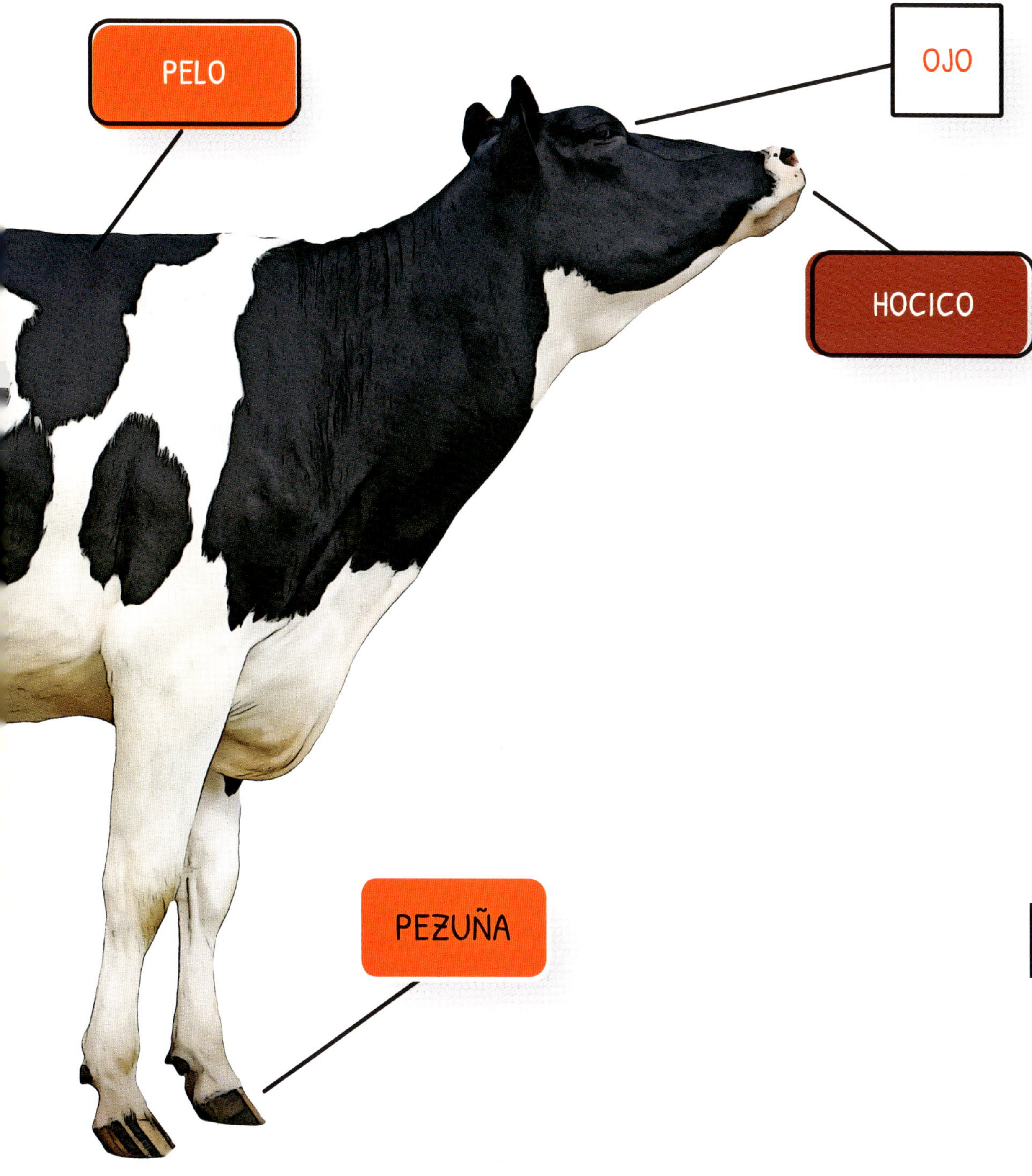
PELO
OJO
HOCICO
PEZUÑA

PALABRAS QUE DEBES CONOCER

rebaño: grupo de vacas que se mantienen juntas

ubre: parte del cuerpo de la vaca con forma de bolsa donde se produce la leche

ÍNDICE ALFABÉTICO